NUTRIAS DE

MAMIFERO MARINO

Sarah Palmer

Versión en español de Lois Sands

Rourke Enterprises, Inc.
Vero Beach, Florida 32964

LIBRARY OF CONGRESS
Library of Congress Cataloging-in-Publication Data
Palmer, Sarah, 1955-
[Nutrias de mar. Español.]
    Nutrias de mar / por Sarah Palmer; versión en español de
Lois Sands.
        p.   cm. — (Biblioteca de descubrimiento del mamífero marino)
    Traducción de: Sea otters.
    Incluye un índice alfabético.
    Sumario: Introduce el mamífero marino más pequeño: la nutria
marina de color café y peluda.
    ISBN 0-86592-681-6
    1. Nutria marina—Literatura juvenil.
[1. Nutria marina.   2. Nutrias.   3. Materiales en español.]
I. Título.   II. De la serie de: Palmer, Sarah, 1955-
Biblioteca de descubrimiento del mamífero marino.
QL737.C25P2618   1991
599.74'6—dc20   91-24139
                                                    CIP
                                                    AC

ÍNDICE

NUTRIAS DE MAR

Las nutrias de mar *(Enhydra lutris)* son los **mamíferos** marinos más pequeños del mundo. Las nutrias de mar y las nutrias de río pertenecen a la familia de la comadreja. Las nutrias de mar y las nutrias de río se parecen mucho. Las nutrias de mar tienen cuerpos más gruesos y colas más cortas que las nutrias de río. Hay tres clases de nutrias de mar pero la mayoría de la gente no puede distinguir una de la otra.

Las nutrias de mar son los mamíferos más pequeños del mundo

CÓMO SON

Las nutrias de mar son criaturas peludas. Su piel café tiene un tinte plateado. Los machos son más grandes que las hembras. Los machos a veces crecen hasta casi seis pies de largo, de la nariz hasta la cola. El largo promedio de una nutria de mar hembra es alrededor de cuatro pies. Las patas delanteras de las nutrias de mar tienen cinco deditos que usan para agarrar los objetos. Sus **miembros traseros** se han desarrollado en aletas grandes.

Las nutrias de mar tienen piel plateada

DÓNDE VIVEN

Las nutrias de mar se pueden encontrar en tres áreas del mundo. Un grupo vive en el Sur de California y México. El segundo grupo vive cerca de Alaska y las Islas Aleutianas. El tercer grupo vive al Noroeste del Océano Pacífico cerca de U.R.S.S. Las nutrias de mar pasan la mayor parte del tiempo en el agua. Muchas veces se pueden ver flotando flojamente en sus espaldas en áreas de hierbas marinas llamadas **lechos de algas marinas.**

Las nutrias de mar usualmente se encuentran en lechos de algas marinas

LO QUE COMEN

Para mantenerse calientes en los océanos fríos, las nutrias de mar necesitan comer enormes cantidades de comida. Ellos comen más de un quinto (20%) de su peso en comida cada día. Un macho de las nutrias de mar debe comer como 16 libras de pescado cada día. Las nutrias de mar se zambullen muy hondo hasta el fondo del mar para juntar erizos, almejas y otros mariscos o pescados pequeños. Ellos juntan comida en sus patas del lado derecho y lo guardan debajo de sus **antebrazos** del lado izquierdo. En la superficie flotan en sus espaldas, pasando los mariscos a sus bocas con sus patas.

Los erizos espinosos son una de las comidas favoritas

Las nutrias de mar normalmente viven en grupos

Las nutrias de mar flotan en sus espaldas para comerse la comida

CÓMO COMEN

Las nutrias de mar se encuentran entre los pocos mamíferos que usan herramientas. Usualmente pueden masticar los erizos y las almejas con sus fuertes dientes sin punta. Sin embargo, a veces las conchas están muy fuertes. Flotando en su espalda, la nutria de mar coloca una piedra plana en su pecho. Entonces golpea las conchas duras de las almejas o mejillones contra la piedra hasta que se abren.

Esta nutria de mar está usando una roca para abrir una almeja

SUS CUERPOS

Los cuerpos de las nutrias de mar están cubiertos de piel gruesa que crece en capas. Esta piel mantiene caliente a las nutrias de mar en los océanos fríos. A diferencia de otros mamíferos marinos, las nutrias de mar no tienen grasa o **esperma** debajo de su piel. Es muy importante que las nutrias de mar mantengan su piel en buenas condiciones. Si se dañara su piel, las nutrias de mar perderían el calor de su cuerpo rápidamente y se morirían de frío.

Las nutrias de mar deben mantener su piel en buenas condiciones

VIVIENDO EN EL OCÉANO

Las nutrias de mar probablemente son los nadadores más lentos de todos los mamíferos marinos. Normalmente, pueden nadar a 1½ m.p.h. Aun cuando las persiguen, pueden solamente alcanzar 5 m.p.h. Las nutrias de mar pueden zambullirse hasta 180 pies para recoger comida. En una zambullida normal, se quedan debajo del agua por un minuto o un minuto y medio. Se ha sabido de nutrias de mar que se quedan debajo del agua por cuatro minutos si las están persiguiendo o están amenazadas en otra manera.

Las nutrias de mar son nadadores muy lentos aun cuando las persiguen

NUTRIAS DE MAR BEBÉS

Las hembras de las nutrias de mar usualmente tienen un **cachorro** cada dos años. Los cachorros nacen con una piel lanuda, livianita de color café. Dentro de pocas semanas comienza a crecer la piel de adulto. No pueden hacer nada por sí solos y sus madres tienen que cuidarlos constantemente. Dejan descansar a los cachorros en sus pechos para darles de comer y peinar su piel. Los cachorros dependen de sus madres por varios meses.

Este cachorro de nutria de mar ha perdido a su mamá

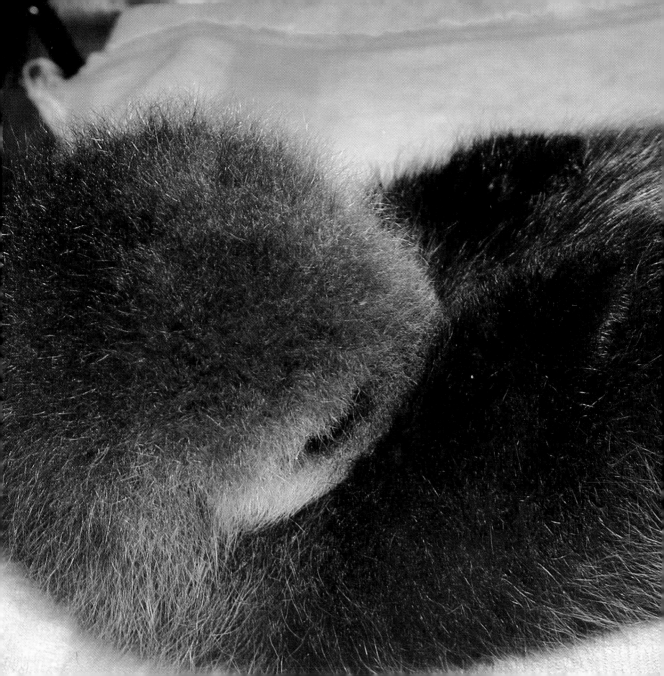

LA FAMILIA DE LA NUTRIA DE MAR

Las nutrias de mar viven en grupos grandes. Las investigaciones han mostrado que viven juntos felizmente y que rara vez se pelean. Las nutrias de mar no **migran.** Los grupos se quedan en sus propias áreas y no se mudan más de cinco a diez millas de ese lugar. A veces una nutria de mar soltera se va sola por un período de tiempo. Se han visto nutrias de mar solitarias alejadas centenas de millas de la colonia de nutrias más cercana.

GLOSARIO

algas marinas, lecho de — grandes áreas de algas marinas

antebrazos — brazos de adelante

cachorro — una nutria de mar bebé

colonia — un grupo grande de animales de la misma especie

esperma — una capa gruesa de grasa debajo de la piel de un mamífero marino

mamíferos — animales que alimentan a su cría con leche de madre

miembros traseros — patas traseras

ÍNDICE ALFABÉTICO